어쩌꽃니 여자

신순동 시집

시인의 말

―

봄산에 오르다가 옹달샘을 만났다
한 모금 목을 적시다가
한 줄 시가 목젖에 걸려 굼틀거린다

새벽을 깨우며 가슴을 뛰게 하는
한살이를 푸름으로 물들이는 시를
한시도 잊을 길 없어
영혼의 붓질 그 손길만 닿을 날…

미지의 황홀에
가슴 속 들어온 밀물에 노를 저어
그물을 내리고
비린내 나는 시어를 낚는
멈춤 없는 항해를 꿈꾼다.

2024년 이른 여름
봄뫼 **신순동**

신순동 시집 / 어처구니 여자

시인의 말

제1부
하루와 눈인사

변신, 시로	16		마음 부자	29
잠언 1	18		수묵과 바람	30
잠언 2	19		두보 길 좇아	31
잠언 3	20		불륜이라도	32
잠언 4	21		하루와 눈인사	33
잠언 5	22		법문과 내통	34
걸림돌	23		비움의 길 환한 해우소	35
늦바람	24		모로 눕는 사랑꽃	36
노년기 열병	25		절망을 탐색하다	37
꺾을 수 없는 일은	26		속아 넘어간다	38
죽통	27		막무가내	39
사람보다 생각이 깊은	28			

제2부
시에 물든 지하철

겨울 그림자	42	풍경 그 후	53
착시	44	경주에서 빙의	54
시에 물든 지하철	45	박두진 문학관	55
이웃과 섬	46	사냥과 추적	56
언주역 할머니	47	눈물로 한몫을	57
때문에 공짜	48	과거를 벗어나	58
삼일절	49	삼각 산책	59
수정약국	50	인사동 꿈길	60
흰가운 처음 그대로	51	두 얼굴 비닐봉지	61
강함에 물들다	52	을왕리 해변에서	62

제3부
잡초에게 길을 묻다

붓질과 못질　　　　　64
바람에 후손 싣고　　　65
너럭바위　　　　　　66
고상한 냄새도 달아올라야　67
이름 모를 꽃　　　　68
현역, 노을빛 바람　　69
소야곡 한 소절　　　70
물난리와 투썸(TWOSOME)　71
실향민의 눈　　　　72
입동, 담 하나 두고　　74
소금　　　　　　　　75
옷을 벗긴다　　　　76
흡 - ㅂㅂㅂ　　　　77

가을을 앞장 서다　　78
물속 정원 손 잡을　　79
잡초에게 길을 묻다　　80
삼한사온에 겨울비　　81
몸살을 앓는 지구　　82
동거와 이별을　　　83
홍나무　　　　　　84
설홍매　　　　　　85
부르지 않아도 개나리는　86
연둣빛 세상　　　　87
봄소식　　　　　　88
문어발 사통팔달　　89

제4부
나는 분침 너는 시침

세 남자	92	순둥이 바위	108
출연	93	반세기 너머로	110
내리사랑	94	나라 뜻 거부한 셋째	112
마중, 저승 가서도	95	무릎을 세우다	113
영혼의 비상을	96	후회	114
원과 그늘막	97	꽃가마	115
바람그네와 왕관	98	선자	116
수영선수	99	짝 잃은 세 여자, 다음은	118
어처구니 여자	100	LH가 웃을 일이다	120
기도실 두 손	102	어떤 입은 약봉지를 팔고	121
나는 분침 너는 시침	104	불길과 훈장	122
꿀잠과 임무 교대	105	용트림 신명가	123
그라든 동	106	닫는 시	124

평설
소박한 일상에서 인간애로 피워내는 시향   **안재찬**   125

변신, 詩路

어느 날
 어둠이 내린 저녁

말과 침묵 사이로
 바람 한줄이
  내게로 다가옵니다

가슴은 뛰고
얼굴은 진달래꽃 빛깔 물들어

주름진 세월이야
푸른 옷을 갈아입고 낯설은
광야로 질주합니다

님은 누구신가요

수많은 밤 노숙하던 영혼
이제 방랑을 그치고
생명이 사그라질 때까지
죽으면 죽으리라, 고

한 길로 달려갈 우주로 동반자
얼굴 모를 님이여

제1부
하루와 눈인사

변신, 시로

어느 날 어둠이 내린 저녁

발과 침묵 사이로
바람 한줄이
내게로 다가옵니다

가슴은 뛰고
얼굴은 진달래꽃 빛깔 물들어

주름진 세월이야
푸른 옷 갈아입고, 낯설은
광야로 질주합니다

님은 누구신가요

수많은 밤 노숙하던 영혼
이제 방랑을 그치고
생명이 사그라질 때까지
죽으면 죽으리라, 고

한 길로 달려갈 우주로 동반자
얼굴 모를 님이여

잠언 1

어디서
누구를 만나는가에
당신의 앞날이
열리기도 닫히기도 한다

잠언 2

시간은 공평하다
어떻게 사용하느냐는
오롯이
자기 몫이다

잠언 3

말에도 꽃송이처럼
향기와
색깔이 있다
세치 혀에 품격이 실려야 한다

잠언 4

산의 정상은
꿈꾸는 자에게만 손을 내민다

희망의 결실은
끈기와 열정에게만
길을 보여준다

위대한 인물은
하루아침에 만들어지지 않는다

잠언 5

내려갔다가 올라가는 게 인생이 아니더냐
올라갔다가 내려가는 게 인생이 아니더냐

일희일비는 누구에게나 있는 일

살다 보면 지금 불행이
언젠가는 어둠 걷히고 새벽같이
행복으로 찾아올 것이다

꺾이지 마라, 포기하지 마라

걸림돌

더 높이
더 많이

더 빨리
더 오래

휘영청 달빛 아래
끼리끼리 강강술래

잘들 놀지요

늦바람

한 남자만 바라보며
반세기를 흔들리지 않고 살아왔다

도덕 선생은 머리를 아래위로 끄덕이며
A학점을 주고
문학 선생은 머리를 좌우로 흔들어대며
D학점을 준다

이승의 시간은 길지 않은데
어쩌자고 늦바람 불어와
반세기 묵은 남자 눈치나 살피며
불면의 밤

시를 품고 생을 불태우는가

노년기 열병

나는 그대의 마음속
무엇이 되고 싶습니다

단 하나뿐
사모의 정 넘쳐나는
의미가 되고 싶습니다

하늘에게 손짓하는 날은
멀지도 않아
조급해지는 이 마음

노년기 열병인가요

꺾을 수 없는 일은

만나면 힘이 솟구치는 사람
헤어지기 싫어 시간을 정지시키고 싶은
그런 사람

내 마지막 꺾을 수 없는 일은
야윈 영혼을 살찌우고 삶의 향기를 나눌 수 있는
그런 사람을 만나
삼백예순 날 시혼을 불사르는 일이다

인생에 나중은 없다
오늘이 있고 지금이 있을 뿐이다

죽통

속은 텅 비었어도
비움이 채움보다 더 많아 보여
마음을 단숨에 흔들어 놓는
가락이 있다

사계절 지나간
마디마디 곧은 몸매
하늘 아래 따를 자 얼말까

앎이 가난한 내 머릿속에
그윽한 향기로 건네주는

이웃 더불어 곧은 길 천 리
땀과 눈물로
푸른 세상 만들어 가는
스승

사람보다 생각이 깊은

눈망울은 호수, 마음은 바다
힘들 때마다 너에게 다가서면
괜찮아 괜찮아하면서
초고속으로 꼬리를 흔들었지
아이들이 시시때때로 괴롭혀도
장난치는 줄 알고
도망가다가 다시 오곤 했지
네가 병상에 누웠을 때
나보다 오래 살아야 해 하면
한없이 눈물만 흘리던
스무 해를 한 지붕 아래서 눈물과 웃음
함께 섞던
진돗개 술술이
내 가슴 속에 잠겨 있던
사람보다 생각이 깊은 한 생애

마음 부자

돌아보니
처음 아닌 길은 없었다
호기심과 설렘, 희망의 길 지나

인생길이 험하고 외롭다지만
금세 뜨는 해보다 긴긴 노을은 내 편
마음과 마음을 이어주는 벗 함께
오래오래 즐기라는 것이리라

가는 길 기대 되고
지나온 길보다 걸어갈 길 짧지만
묻고 답하고 위로하고 의지하고

밀어 주고 당겨 주고
두런두런 마음 부자
물 흐르듯이 그리 살련다

수묵과 바람

바람 따라 어디로 헤매다
눈과 눈이 하나 되면 쉬어가고
맘과 맘이 하나 되면 묵향 뿌리고

산은 수묵, 시는 바람
때로는 한 자리서
변함없이 향기를 피우고
때로는 떠돌이로
가지각색 향기를 피우고

인생 후반전에
너를 만나 환한 얼굴로
어깨에 날개 달아 창공을 훨훨 난다

두보 길 좇아

비움을 알고
입술에는 노래를 물었다

여태껏 나를 스쳐 간
죄와 벌
오만과 편견
죽비 앞에 등 구부려
다아 내려놓았다

서녘을 닮은 달마를 만나
철없이 생각 없이 길 헤매던
나를 찾아서

두보길 좇아
다시 한번 자투리 시간
불태우리

불륜이라도

오늘도 가슴앓이로
하루를 연다

어쩌다 새 가슴에 바람이 들어
여태도 한 그리움 잊지 못해
무시로 회오리바람 일으킨다

시간이 얼마 남지 않았다
마지막 불사를 영적인 사랑
불륜이라도 후회 없이
며칠이고 밤내 너를 품고 뒹굴고 싶다

어서 오라 목마른 시여!

하루와 눈인사

아침에 눈을 떴을 때 살아 있음을 확인하고
거울 앞에서 눈인사 나눈다
늙은 세월 둘이서 밥을 먹고
매일 붓질하는 시간에
명상을 옮겨 놓는다

햇살 부신 뜨락을 거닐며
잡초와 꽃송이에게 이름을 불러준다

어둠이 내리면
마음은 어제도 오늘도 한결같은 호수 물결
창밖 나뭇가지에 걸려 있는
달빛과 눈 맞춘다

법문과 내통

108번뇌 무릎 꿇을 때마다
어느 스님의 법문 길을 듣는다

팔만대장경을 한 줄로 세우면
백두산보다도 높다고
둥글게 말면 딱 한 글자
마음 심자라고 한다

만질 수도 없고 볼 수도 없지만
사람을 움직이는 건 마음이란다

한 생을 살아가는 동안
마음을 다스리고
알아차리고
닦아야 한다고 법문을 들려준다

오래 만날수록 이런저런 일
허물없이 알아주고 들어주는
마음과 마음이 내통하는
그런 사람이고 싶다

비움의 길 환한 해우소

어릴 적 소풍 때
가은 봉암
화장실이 무서워 눈물 흘린 적 있다

사랑채인 듯 정자인 듯
전등사 중턱의 해우소

별 서너 호텔 같은 화장실
내 입에선 연신 감탄사가 절로 나온다

천 길 낭떠러지 가는 길목에서
산 첩첩 현대화 바람에
비움의 길 날개를 달았다

모로 눕는 사랑꽃

밤에만 피어나는 하늘의 별꽃
쏟아질 듯 흐드러지면
마음속 사랑꽃도 함께 피어난다

하늘에서 빛나는 별꽃
멀어서 만져지지 않는
가까이서도 만져지지 않아

이슥한 밤 베갯머리에
경전을 놓아둔다

절망을 탐색하다

살아 있을 때보다는
죽어서 더 이름을 드러낸
기형도
엄마 걱정과 안개로
한 시대를 울음 울던 시인
유년의 윗목 안양천 방죽길에서
언제나 가슴 속 우울을
세상에 풀어놓았던 그

가난한 삶 속에서
절망을 탐색하고 자책하며
스물아홉으로 목숨 끈을 놓은
90년대 크게 찍은 발자취
가을 한날 묵은 가슴에
시향을 모두고 돌아선다

속아 넘어간다

세상 걱정근심 없는 얼굴에서 절규가 용솟음친다 지나간 한때 탄광촌의 흔적을 여기저기 남겨둔 한 폭 붓끝에서 태어난 작품은 어둠을 부수는 한 줄기 빛으로 잠자던 가슴을 뛰게 한다 발품 끝에 묻어난 희열이 지하철을 끌고 간다

소가 넘어간다 속아 넘어간다 이 말을 한 화가는 불행하다 시인으로 한세상 살아갈 사람이 다른 길로 들어서 불행하다 예술은 불행을 제대로 알아야 위대한 작품을 낳을 수 있다

시의 길로 들어선 지 천일…, 오늘도 서울숲 한 켠에서 뜬구름 잡는 앞날 환히 밝힐 황홀한 한마디에 속아 넘어간다 소는 해 기울어 목숨 멀리 떠나고 나는 아직도 씽씽 목숨 이어가며 안방에 몸 눕힐 집으로 돌아간다

막무가내

운명아 귀를 열어라
앞만 바라보고
내가 나아간다
내 손아귀 우리말 사전엔
두려움 따위는 없는 거
알겠지!

제2부
시에 물든 지하철

겨울 그림자

지하철 계단에 엎드려 보시를 기다리는 말 없는
여정 무릎 꿇음을 바라본다
남루가 낯설지 않은 오십 줄 여자,
두 장 박스를 펼쳐 겹으로 깔고 앉아
기약 없는 온정의 시간을 고개 숙여 마음속
그림 그리는
조그만 박카스 드링크 상자에 가둘 하루 먹거리
그물을 친다

한파가 몰아친 도심의 낮시간, 종종걸음 시민들
잠시 인적이 끊길 때
예닐곱 살 사내아이가 적막한 역사 계단을
오르내리며
보시 상자 속을 훔쳐본다

없다 없어!

숨넘어갈 듯한 두 어절 목소리가 고요를
집어삼킨다
아이는 엄마 손을 잡고 지갑을 열게 한다
천 원 한 장으로 정처 없이
떠도는 거리의 낭인, 슬픔을 닦아주는 고사리
손길이 봄날이다

선릉역 찬 기운 스민 시멘트 바닥에 소리 없이
찍히는
무수한 발자국 그 경전을 읽는 여자,
미래를 삭제한 겨울 그림자 위로
한 해가 기운다 서울 하늘엔 어제가 그렇듯이
오늘 밤도 끝내 보이지 않는다, 별이

착시

생각 없이 앉았다가 낭패를 불렀다

이 자리는 임산부를 위한
자리입니다
양보해 주세요

한글을 깨우친 아이가
또박또박 읽는다
저 할머니 배 속에 아기가 있나 봐요

경로와 임산부 자리를 확실히 알고 있는
저 아이 똘망한 눈 앞에서 나는
한참을 안절부절못하다가
더는 버틸 재간이 없어
다음 역에서 얼른 내렸다

고 녀석 참,
날 젊게 봐주어 고맙다만
내 나이도 일흔을 넘겼단다

시에 물든 지하철

지하철은 오늘도 어디론가 달린다
〈우산속〉 동시집을 읽는 팔십 대 여인과
〈바람난 계절〉을 읽는 칠십 대 여인
우산 속은 엄마 품속 같다는 빗방울 얘기에
방점을 찍고
바람난 계절은
여자 여자 여자로 계보를 이어가는 삼대
가슴 한복판에
심어놓은 손녀 상록수 솔 하나로 미래를 가꾼다

때 늦은 시에 물들은 두 주름진 얼굴
가을바람 한 줄 움켜쥐고 여의도를 지나간다

이웃과 섬

가난을 몸부림치다
생명줄 끊어버린

낡은 빌라 속 모녀
무소유 저승길에
유서 한 장 남겨놓지 않았어요

내 이웃은 틀림없지만
저들의 얼굴 몰라요

도심 속 섬, 너무 멀어요

언주역 할머니

지하철역 언저리에서 하루를 파는 노인을 바라본다

'노느니 염불한다고 운동 삼아 일한다고 한다
애들은 모른다고'

전단지 위에 미소 한 줄 얹어서
젊은이 늙은이에게 고개 숙여 한 장 건네주지만
많고 많은 사람들 시큰둥 하루 먹거리
손길을 손사래 친다

언주역 2번 출구 구십 할머니 얼굴에
먹구름이 지나가고
오월 봄날엔 흰구름이 지나간다

때문에 공짜

남녀 둘 때문에
공짜 세상 구경 한번 잘한다

먹는 거
입는 거
배우는 거 등등

짝을 자알 만나
꽃 피우고 열매 맺어 향기를 날리고
눈 한번 깜빡했는데
세월은 여기까지 달려와서

나라는 큰손, 아낌없는 보호자가 되어
지하철 공짜
건강검진 공짜
늦깎이 공부 공짜

적자 모르는 인생
그렇구나, 거저라는 것
하냥 비어져 나오는 웃음 슬몃 깨물며
두 다리 주무른다

삼일절

잠결에 비 오는 소리 들린다
창밖은 아직도 캄캄한데
이불깃을 당기고 다시 잠이 든다

영감이 어젯밤에 미리 달아놓은
태극기 빗속에서 춤을 춘다

생명을 피워내는 봄비 한 모금으로
개나리 진달래가 기지개 펴고
고향 떠나 이사 온 불당꽃이 실눈을 뜬다

손때 묻은 태극기 씻어주는 삼월 첫날
우리 집 주인 손 잡고 만세를 부른다

수정약국

동네 어르신 쉼터로 소문난
건강 지킴이 그곳

엄마의 길 뒤를 이어받은 약국
오다가다 들리면
튼실한 목숨 돌보기 정보 한 움큼
귀에 담아 준다

어제도 떡 하나 오늘도 떡 하나
약봉지는 보이지 않아도
언제나 빈손으로 안 보내는
사시사철 복사꽃 저 얼굴

약보담도 맘씨가 넉넉하고 향기로운
수정 씨
아침 햇살에 부시는 강남 대치동
수정약국 아시나요

흰가운 처음 그대로

눈을 뜨면 갑론을박이다
어느 쪽이든 역지사지 했으면 좋겠다
흰가운 처음 입던 그때
초심으로 돌아가
묵묵히 최선을 다하는 모습이었으면

어느 의사는 말한다
돈 낸 만큼이 아니라 아픈 만큼
치료를 받아야 한다고

환자의 마음을 10분의 1이라도
생각하고 한 사람이라도 살릴 수 있는
그런 생각들을 가졌으면 좋겠다

차가운 세상에도 따뜻한 사람도 있다
단 하나 아픈 사람을 위해
봉사 정신 앞서가면 좋겠다

다시 한번 의사는 아픈 사람을
정성껏 치료해 줘야 하고
환자는 언제나 치료받을 수 있어야 한다

강함에 물들다

세월을 못 이겨 눈으로
산 아래서 두런두런 즐기려던
계산은 착각이었다
다리 힘 부실에도 불구하고
까마득한 산행을 고집한다

안 강 최! 저 옹고집
아무도 못 말리는 불편한 시간
투덜투덜 둘레길 걷기는 하지만
묵정 솔밭에서 피톤치드와
포도주를 건배하고

수줍게 피어난 진달래 꽃길 눈 안에 넣고
계양 능선을 따라서 하산을 재촉한다

메기 매운탕은 하룻날 최고 느낌표를 찍게 하는
산행 끝나고서야 강함에 물든 약자의 하루
가슴에 새긴다

풍경 그 후

종로3가
초동교회 골목엔 오천 원 이발소가 있고
쪽방 골목엔 영화에서나 있을 법한
가난한 풍경 때문에 눈시울이 붉어진다
생애 한 번쯤은 큰소리 뻥뻥 치고
살았을 어르신들 문 앞에 힘없이 앉아 있고
쪽방 입구엔 공중화장실 하나
2층으로 오르는 가파른 계단이
바람 앞에 촛불 같다
문 앞에 가지런히 놓인 고요한 신발 하나
내 여기까지 오는 동안 수많은 투정
불만 분노를 말없이 받아준 사람,
단 한 사람에게 절로 고개가 숙여진다
"두 눈 부릅뜨고 죽을 힘을 다하여
바르게 살아보자!"
탑골 공원 담장 언저리에서
삼천 원짜리 오진 쌍화차 높이 들고
주소를 잃어버린 영혼을 위하여
목마름을 마신다

경주에서 빙의

느닷없이 들려온 구성진 가락에
두 팔이 먼저 반응하더니

흔들흔들
떠밀려 가듯 조심도 잃고
신명의 실타래가 살살 풀어진다

에헤라디여 에헤라디여
얼쑤

대금 가락이
감포 횟집 좌중을 휘어잡고
나를 감아 돌린다

경주의 옛 선조들이 내게로 들어와
한바탕 신명 풀이하신다

박두진 문학관

햇볕 쨍하지 않은 날씨지만
조롱박과 수세미가 눈웃음 흘린다

그때 그 이글이글 솟아오른 해는 없지만
혜산 박두진의 하늘소리 그윽한 향기와
그가 이 땅에 두고 간 단단한 유품들이
발걸음을 붙잡는다

시상을 잡으려고 방방곡곡 수석을 모으고
안성장터 맹인의 통소 가락에 이끌려
단소를 불기도 했던 청록파 시인
주인 없는 문학관 서재 앞에서
길이 빛날 선비적 발자취에 빠져
고개 절로 숙여진 가을 하룻날

바람 이는 길녘
시 한 줄 들고
코스모스가 손짓한다

사냥과 추적

의심이 의심을 낳는 첩보전

우군인 듯 적군인 듯 서로가 서로를
물고 뜯고 늘어지는 탐색과 사냥의
대추격전이
졸린 시간을 몰아낸다

대한민국 1호 암살 작전을 두고
한판 승부 가리는 영화

분단 조국이 영화의 밑천이 된
귀를 찢어대는 소리가
내 가슴에 설움으로 스며드는

'헌트'는 장막 뒤로 날아간다
어쩌면 마지막일지도 모를

눈물로 한몫을

나는 맑은 얼굴 웃음소리가 자랑인데
사람들은 왠지 흐린 얼굴 울음소리 듣고 싶어 하네요
부모로부터 물려받은 유산을 버리고
눈물을 배우라 그러는지 생각이 깊어져요
아무래도 글피쯤
강남 무슨 성형의원에 들려 예약을 해야겠어요

여의도에 날벼락 태풍이 몰아쳐, 4월은 잔혹한 달
수많은 벚나무가 고개를 떨구었어요
슬픈 자에게 눈물로 다가설 것을 가르쳐 준 스승께
꾸벅 절하고 준비해 둔 울음소리
한몫할 때가 되었어요, 아침이슬 한잔 부딪치면서

과거를 벗어나

너는 너 나는 나
내 갈 길 간다

유교 사상이 뿌리 깊은 안동 양반
채찍질 소리에 전운이 돈다

몸맵시 가꾸기에 시대를 앞서가는
칠십 줄 여자 심장을 겨눈다

뭐가 어때서
어린아이에게 소리 지르듯
호통을 치는가 저 늙은 남자

당장 그 바지 벗어, 라는 한 문장을 두고
한바탕 전쟁이 터질
지뢰밭 경계선이 위태하다

너는 너, 나는 나, 그 길 좇아
과거를 벗어나는 홀로 생존 몸부림의 여자
하늘이여, 누구의 잘못인가요

삼각 산책

뒤뚱뒤뚱 앞선 이의 길이 위태롭다
좌측은 염려하고
우측은 방어하고

중간에 선 할머니는
삼각편대 중심이다
동공을 고정시킨 할아버지
이쪽 저쪽 두리번거리는 아들

오래 사는 비결은
나누고 웃고 걷고
하늘이 말한다
뭐니 뭐니 으뜸은 사랑이라고

저 느릿느릿 걸음걸이
햇빛 쏟아지는 낮 한때
삼각 사랑 눈물겹다

인사동 꿈길

오늘도 꿈의 거리를 배회한다
옛것이 정겨워 골동품을 뒤지다
어느새 해는 서산을 넘어가고
목마른 길 오래나 살거나
장수막걸리 두어 병에 어둠시간 맡기다
인사불성의 몸!
가까스로 눈을 뜨니 낙원장 간판 아닌가
임은 어디론가 보이지 않고 침실은 쓸쓸하다
묵향과 시심이 불타오르는
옛것이 하냥 그리운 조선의 골목
시방 지구촌 관광객 명물이 되어
나라는 살쪄 가고 자본의 얼굴은 환하다

두 얼굴 비닐봉지

야채가게에서 채소를 비닐봉지에 담고
팔에 걸었다

대농 마트에서 어린이날 푸짐하게 먹을거리를
장바구니에 가득 실었다

계산을 마치고 집으로 가는 길
아차! 야채 봉지를 마트에 두고 온 것 같아서
허겁지겁 달려간다

카운터 여직원에게 물었다
'검정 비닐봉지 속 들어 있는 야채를 못 보았느냐'고
'손님 팔의 그건 뭐예요'

백 세 시대가 캄캄하다

을왕리 해변에서

바다는 봄바람이 났나 보다
겨우내 고독을 앓으며 움츠렸던 바다

보일 듯 말 듯 빗줄기에 몸을 적시며
바다는 각본을 쓴다

밀물에도 살아남은 금빛 모래사장 위에
추운 날 못다 한 그리움 초록으로 움튼
우산 속 연인은 둘이서 하나로 말없이 걸어가고
괭이갈매기는 물끄러미 젊음을 바라본다

봄바람 난 풋내기 시인은 마이크를 잡고
'옛시인의 노래'를 소리치고
바다는 어깨를 들썩이고 어스름을 부른다

제3부
잡초에게 길을 묻다

붓질과 못질

유난히 큰 잎을 가진 나무
눈치 없이 간판을 가려 허구한 날 잔소리 들어
귀가 성할 날이 없겠구나

무슨 까닭으로 거기에 삶의 뿌리 내리고
민원을 듣게 되어 목숨 간당거리는
수난의 시대를 사는구나

버즘나무 너는 아무런 대가 없이
세 가지에 까치집을 짓게 해주는가
비바람에도 부서지지 않고 새끼를 기를 수 있는
튼실한 집

문패도 없는 버즘나무 자유의 집
단 한 사람에게 눈총을 받아서
주소에 밑줄 그은
공동전선에 못질을 하여 금이 간 적 있었다

나는 더 단단하게 해준 못질
봄날 일구어 우리 집 울타리
올해도 장미꽃으로 붉다

바람에 후손 싣고

떠돌다 떠돌다 둥지 튼 자리
너른 천지 모두 다 동공에서 지우고
긴 의자 틈새에 뿌리내린 삶

세상 구경 목을 늘이어
공원 놀이터에서 놀고 있는
바람에 후손 싣고
한세상 퍼트리는

밟혀도 밟혀도 살아나는
억척 손길 민들레

너럭바위

물과 구름이 감싸 안은 석파정
그때 님이 시시때때로 머무른 곳

산마루에 드러누운 코끼리 닮은 너럭바위

노부부 득남전설 빌고 또 빌고
위엄과 영험한 형상 우뚝하다

인왕산 정기를
두 팔 벌려 한 아름 안고
돌탑에 돌 하나
얹었다
득남 시절은 떠났지만

고상한 냄새도 달아올라야

가을은 나무로부터 온다
파란색에서 노란색으로
옷을 갈아입으면
누리엔 새로운 계절이 펼쳐진다

해충을 물리치는
저 고상한 냄새는
세상에서 제일가는
은행만의 특권이다

열매껍질을 벗으면
초경을 시작한 소녀일 듯
그 부드러운 속옷으로
유혹한다

달아올라야
그제서야 내숭을 벗는
그대여

나도 그렇다

이름 모를 꽃

누군가가 물었다
다시 태어나면 무엇이 되고 싶냐고

산속에 그저 이름 모를 꽃으로
피고 싶다고 했다

무던하게 피어 바람결에 향기 주고
누군가 쳐다보면 눈길 건네고

그리워 몸부림치며 바라보는 이 있으면
다 그렇게 사는 거야, 위로해 주고
발에 밟혀도 다시 일어나

그렇게 해와 달 손 잡아
산에서 피는 꽃이고 싶어

현역, 노을빛 바람

바람이 분다 분홍빛 바람이 분다
지지배 지지배 머스매 머스매

휘리릭 휘리릭
우르르 우르르

새 바람이 분다
짝짓기 행사가
한창이다
반 아름드리 향나무를 무대 삼아 달거리를 하는
참새들이 얼굴 붉힘도 없이
그 짓거리 한창이다

바람이 분다
동녘 울타리 개나리, 서녘 울타리엔 진달래
꽃바람 소리 바라보며

나이를 잊은 노을빛
얼굴 한 쌍이 밤낮없이
지지배 지지배 머스매 머스매
싱싱한 봄날을 일구고 있다

소야곡 한 소절
─ 여수 밤바다

돌산공원 케이블카를 타고
소리 내며 항구도시 야경을 내려다본다

어느 가수가 들려준
조명에 담긴 아름다운 얘기 들려주려고
전화를 걸고 이 밤바다 이 거리를
함께 걷고 싶다는 음표가 애절하다

꿈속에서 만난 연인과
옷깃을 세우며 팔짱을 끼고
하냥 밤 깊도록 걷고 싶다는
생각에 잠긴다

얼어붙은 가슴
출렁이게 하는
여수 밤바다에 빠져
생명의 비릿 내음 마시며
잃어버린 청춘 돌려달라 소리친
소야곡 한 소절
세월 물결로 흘러간다

물난리와 투썸(TWOSOME)

80인지 100년 만인지
물폭탄을 알리는 신문
2022년 8월 9일 서울 452mm
이 발길, 저 손길이 분주하다

갈 길은 마곡 나루인데
논현역을 벗어날 수 없다는
역무원의 소리가 길을 찾아
한참을 헤맨다

SOS 지령에 따라
9호선 이때는 사석이다
대마불사 5호선으로 노선을 변경하고
물난리 물리치고
영혼을 살찌울 에너지 넘치는
투썸에 안착한다

님도 보고 뽕도 따고 노래도 듣고

실향민의 눈
－수레국화

사고를 쳤다
죄 없는 저 얼굴에

말 없는 얼굴에 내가
대형 사고를 친다

응급 처치에 들어갔다
목을 곧추세우고 지지대를 세우고
뿌리를 흙 속으로 안착시켰다
손가방에 실려 강가 습지에서
대치동 마당으로 출가한 꽃 한 송이
목마름을 적시는 생명수 한 그릇에
미소 머금은 수레국화
며칠 뒤 고향 떠난 실향민 눈으로
봉우리 셋을 피워올려

'여기가 어디야'
정원 한켠에서 뽐내던 철쭉이
동무가 생겨 더 신나는 눈치
낯선 땅에서 온전히 뿌리내린
수레국화 부상을 딛고 제자리를 찾았다
염치없는 내 손은 손바닥이 벌겋도록
박수를 보낸다

입동, 담 하나 두고

주인 떠난 빈집에
불길이 활활 솟아올랐다

앞집엔 참새 밥 하나 매달고
계절의 오고 감을 모르는구나
가을을 떠나지 않는
잎사귀 한나절을 졸고

바람과 내통하는 저 감나무
겨우살이 끝내고

담 하나 두고 나란히 선 감나무
비울 때 비우지 못한 손
입동이 어젠데 주름만 깊어간다

소금

너 없이는 아무도
지구촌 어디서든 살아갈 수 없다

바다는 자궁이다
한 생을 품고 삶을 이어가는
철썩철썩 쏴아쏴아
목 울음으로
수많은 생명을 살리는

자루 속에서 항아리 속에서
이름 불러지기를 기다리는
보석보다 더 빛나는
소금

부패가 득실거리는 이 땅
오늘따라 왜 이리 이토록
그대가 그리울까

옷을 벗긴다

바람이 옷을 벗긴다
우수수 우수수
늦가을 떠나면서

물기 젖은 동장군 발걸음 소식에
노숙하는 화초들 지하실로 옮긴다

하수구에 눈길을 모으고
오갈 데 없는 저 가난한 나뭇잎
비닐봉지에 한 움큼 담는다

바람 속에 실려 온 겨울의 노래
잰걸음으로 옷깃을 세우고
악보를 든다

흡 - ㅂㅂㅂ

햇빛에 냄새가 있다는 걸
알았어요

흡 - ㅂㅂㅂ
오존 플러스 꼬샤리

햇빛 냄새에
단박에 마음이 상쾌해져요

시원한 느낌이랄까
따가운 느낌이랄까
눈부신 하늘은 역시나
엄지 척이어요

천의무봉 향수 냄새에
내 코가 푹 빠져요

가을을 앞장 서다

황화 코스모스가 노란노란 손짓으로
나그네 발길을 세운다

악대부의 악장이 된 저 꽃
맨 앞에서 지휘봉을 잡고
북을 치면은 가을은
저만치서 고개를 내민다

혼자 있을 때나 무리 지어 있을 때나
방긋방긋 얼굴로
황금 들판 펼쳐놓고 하늘거린다

황화 코스모스는 가을을 뒤에 숨기고
휘파람 불며 그렇게 앞장선다

가을 길목에서 나는 어느새
춤꾼이 된다

물속 정원 손 잡을

하늘 산 나무가 물속에서 살고 있어요

물푸레나무가 팔을 벌리고
수영을 하고 있어요

하늘 손이 그린 한 폭의 수채화
도심에서 비틀거리는 영혼을
멈추게 해요

개망초 곁을 떠날 줄 모르는
양귀비 두어 송이
붉은 미소가 한여름을 달구고 있어요

물속 정원을 손잡고 걸을 입을
국민청원에 올려요

잡초에게 길을 묻다

가르쳐 주지 않아도 유익을 준다
뿌리를 깊게 내려 존재의 소임을 다하는
길 하나 스승 있다

땅을 흔들어 지렁이나 미생물이 살기 좋게
팔 걷어붙여 터를 닦아 주는 줄 모르고
손으로 눈으로 목숨을 노렸다

땅을 기름지게 해주는
지렁이 득실거리는 것은
잡초 때문임을 이제사 알았다

잔디 사이 잡초를 눈여겨보며
마음을 고쳐먹는 햇살 빛 부신 아침
꾸벅 절하는 나
잡초에게 길을 묻는다

삼한사온에 겨울비

하늘을 찌른다 동장군 기세가
어릴 적 겨울이면 분명하게 보여주던
어디로 갔을까 삼한사온
지금이 어느 땐데 그것도 강남 한복판에서
시베리아 벌판에 서 있는 우리 집
일월 중순 어젯밤 추질추질한 빗소리
귀를 떠나지 않고 오신다는 눈은 소식 없고
겨울비만 봄비처럼 뜨락을 적신다
지난해엔 봄인가 했더니 바로 여름
올해는 티브이가 꽃소식 전하고
나목의 계절이면 오금을 못 펴는 나
탈 겨울 더운 기운 손길에 가슴 벅차오른다

몸살을 앓는 지구

몸살을 앓는 지구는 온난화
기상이변을 일으켜
폭염 폭우 폭설에 빙하가 녹고
해수면 상승과 대형 산불로
역대급 자연재해 속에 우리가 살아간다
과학과 문명 기술에 못마땅한 자연의 반란
하늘이 하는 일은 아무도 말릴 수 없다
지구를 옛날처럼 밝은 얼굴로
살아갈 수 있게 하실 그분
지금 어디에 계시나요

동거와 이별을

여름 한 철 놀고 가는 물폭탄도 떠나가고
뒤를 이어받은 폭염과 찜통더위
열대야 한증막이 앞서거니 뒤서거니
계절을 쥐락펴락 힘자랑하네요
장마전선은 때를 알아 물러가지만
여기저기 생각 없이 들쑤시고 다니는
소나기 시간이 도를 넘고 있네요
열병을 앓고 있는 지구가 토악질하는
예고 없는 게릴라식 호우 걸음이면
일상은 산산이 부서지고 숨이 막혀요
피할 길 없는 폭염과 동거생활
생채기 입고 신물이 나서
참말로 이별 도장을 찍고 싶네요
어서 빨리 내 맘속 평화의 사신으로
가을이여 오셔요
지치고 곤고한 영과 육 아낌없이
살찌우게 해 주는 나는 나는
좋아라 언제나 가을사람이지요

흥나무
　－능수버들

절로난다 흥흥소리
이리 척 저리 척 이리저리 척척
늘어진 가지가지들

죽어져도 못 버릴 절친의 손끝에는
능수야 버들 제멋에 겨워서 척 늘어졌구나

두 팔 벌려 흥
청소기 들고 흥
설거지하며 흥

흥부자 넌 선택받은 나무
대치동 흥나무 순단이
바람 한껏 부풀어오른
이 봄날을 어쩌면 좋으랴

설홍매

갈 길 멀어 바쁜데
하이얀 꽃인 듯 붉은 꽃인 듯 보입니다

눈보라 몰아치는 날에도
핏물처럼 빨갛게 번져 오릅니다

고결하고 맑은 마음이 피로 흐르는
홍매의 꽃말
온 누리를 향기로 덮습니다

불꽃처럼 활활 타오르는 설홍매
가슴 속 깊이 품고
오늘 시의 여정 뚜벅뚜벅 갑니다

부르지 않아도 개나리는

해마다 어김없이 찾아온다
부르지 않아도 온다
노오랗게 노오랗게
동쪽 담장 위 하늘에서
물감이라도 흠뻑 뿌린 것처럼
봄이면 샛노랗게 피어나는
세종임금의 뜻 받들어 가나다라 중에서
맨 처음 ㄱ으로 앞장선 개나리꽃
봄꽃 중에 설레임으로 가슴 두들긴다
우리나라 고유의 꽃나무
꽃말이 희망이다

한 생의 시작을 알리는 노랑색이
병아리와 닮았다
개나리 담장 아래
알에서 깨어난 병아리 떼
개나리 꽃잎을 따서 입에 물고 종종종
아이들은 뒤따라 봄나들이
떼창을 하는
부르지 않아도 오는 개나리 그리고 봄

연둣빛 세상

저건
동토에서 빚어내는
생명의 아우성

아우내 장터 우렁우렁
만세 소리
강토에 널리 울려 퍼지면

흑암을 이겨낸 열꽃
피고 지고
세상은 단숨에 연둣빛 물결
물기 마른 얼굴에도 봄은 찾아와
화색이 돌고 돈다

봄소식

날개를 편 봄
저 산 넘어 골짜기 지나
양지바른 곳 찾아와
숨찬 날갯짓에
겨우내 잠자던 목숨들
동장군 물러간 자리에
바람 들고 허물어진 생명의 집 다듬는
분주한 땅 속 손길
촉촉이 스며드는 봄비 따라
속잎 움트는 소리
초록 햇살에 쑥쑥 자라나는
대지의 꿈

문어발 사통팔달

봄바람은 문어발
꽃송이마다 기웃기웃 미소 날리며
찝적이고 간질인다

꽃잎은 날개 달린 웃음보따리
이 동네 저 동네 훨훨 날아
봄나들이 여자와 눈맞춘다

겨우내 얼어붙은 가슴에
한 움큼 살랑바람이나 집어넣고
나긋나긋 춘정을 풀어놓는다

봄바람은 문어발
하늘이 내린 사통팔달
연정 움 틔우는 전도사

제4부
나는 분침 너는 시침

세 남자

가난을 대물림 않겠다고
만물상 간판을 내걸은 아베
해마다 넘어야 하는 보릿고개 눈감고도 지나갔다

4계절 겨울 성격
언제나 가까이할 수 없는 남자
대물림 핏줄 흐르지 않으면
버림받을 뻔했던
그 시절

바람막이 되어준 아들
한생 화수분이 되어준 세 남자
가족 가족 가족
그 얼굴에 근육이 생겨난다

출연

잔디밭 무대에서
온몸으로 춤을 춘다
할아버지 할머니 손자
유리창 문 앞에 서서 숨죽이고 보고 있다
흙 한 줌 밟을 곳 없는 잿빛 도시에서
파란 무대를 만난 초대장 없는 손님
꿈에 그리던 무대
천방지축 손발로 공을 품고 뒹굴며
신바람 났다
어린이는 어른의 스승
손녀가 직접 보겠다고 창밖을 나서다
마주친 눈
바람처럼 이웃집 담장 넘어 달아났다
여기는 임대료 없는 족제비 무도회장
밤이나 낮이나 하늘소리 들려주는 천연의 무대
죽으면 잊혀질 내 춤과 네 춤
합동 출연 한마당 언제쯤일까

내리사랑

뛰지 마라 뛰지 마래이
아무리 말해도 이불 위에서
뛰고 또 뛴다

먼지가 목구멍으로 줄줄 들어가도
아랑곳없다

내리사랑은 저울질할 수 없어
무게를 알 수 없다

값도 없는 끝 모를
무진장 퍼주고 싶은 사랑

거침없는 손에서
딸 그림자가 보인다

그 위에
내 미안한 마음 스며든다

마중, 저승 가서도

반백 년 첫 만남
두 손 덥석 잡으시던

어느 날 안동 일직 집에서
"니 잘 왔데이 돈 한번 줘보자"
사과 판 돈 이십 만원 건네주시던 아버님

"우리는 저승 가서도 한 사당에 든데이"
맏며느리 신분을 치켜세우던 그 아버님

떠나신 지 이십구 년, 코로나 팬데믹에도
피붙이 모으시는 아버님

해마다 마중 날이 오면 신나게 제수 음식을 준비하는 나,
대문 활짝 열어놓고 기다립니다

영혼의 비상을

유년 시절 보릿고개
내 머릿속 저장되지 않았다
시금치 소리만 들어도 경기 일으키는
시집살이
그 수많은 겨울도 비켜 갔다

낙원동 둥지에 둘이서 하나로
뿌리내린 그때
자유를 잃어버린 나는 붓을 들고
낮 밤 없이 구부러진
영혼의 비상을 꿈꾸었다

한때 나를 구속하던 검은 손
지금 검버섯 얼굴에 별로 돋아나
천상의 길 환하게 비춰준다

원과 그늘막

지구는 둥글다
원은 그침이 없고 모남이 없다

전등사 경내의 찻집 앞
둥근 배꼽을 보여주는 저 느티나무

일생을 모든 서류마다 원을 싸인으로
살아가는 한 남자가 있다

미워도 다시 한번
동그라미 속 나를 가두고
중심 잡아 쉼 없이 질주하는
그늘막이 밝다

남편인가?

바람그네와 왕관

엄마에게 매달려
바람그네 타고 놀던 시절

그리움 잊으려
외로움 삭히려
바람 물결 따라서
이리저리 뒹구는 낙엽

그이는
곱게 물든 나뭇잎 모아 모아
왕관을 만든다

손주들은 좋겠다
왕관을 쓴
싱글벙글 저 얼굴

알다가도 모를
저 섬세한 손길

피붙이 사랑이
가을날 잎새처럼 붉다

수영선수

평생 오지 않을 것 같았던
서녘에 노을 지다
분홍치마 새색시 때 가슴 속 깊이
더디게만 가던 세월

그땐 그랬다
환갑을 무작정 기다린
어느새 칠십 고개 넘어
팔부능선이 저쯤에서
나를 바라보고 있다

주름진 세월 몸매
비키니 입고 수영선수가 되어
마지막 레이스에 우뚝 서는
꿈길 하나

어처구니 여자

콩깍지가 씐 막다른 골목

사자의 포효로 위엄을 비추어
가까이 다가설 수 없을 때

바위 같은 고집불통 때문에
말문을 쉽게 열 수 없어도
앞뒤가 어긋나는 막말을 해도

그러려니 다 받아주었다

바보 같은 나는
한 마디 제압의 길
'늙어서 두고 보자' 이를 갈며
밤마다 꿈자리 깔았다

시간은 가고 또 가고
배알이 뒤집혀도 아름다운 추억거리
그냥 그렇게 다 묻어두고
이 걸음 그대로 웅얼거리며
사랑의 향기를 날리는 나는

어 처 구 니 여자

기도실 두 손

수술 입원을 위해
이런저런 차례를
기다리는 사이
말문이 터진다

기도실이 있는데, 같이 가실까요?
가지, 뭐
천근만근 소통의 물길이 열린다

영동세브란스 병원
3층 기도실에서
하늘에 올리는 기도문이 축축하다

고오맙네

사위와 눈을 맞추고
어색하게 미소짓는
옹고집 장인의 하룻날

병을 알고서야
신의 존재를 배우는 환자의 얼굴
밝다

나는 분침 너는 시침

느릿느릿 그러거나 말거나
빠르게 가도 갈 곳을 가고
느리게 가도 할 것은 한다

마음이사 맞았다가 글렀다가
약속이나 한 듯 둘 마음이
열두 시 될 때가 있다

엉덩이가 가벼운 사람
폭탄이 눈앞에 떨어져도
현장에서 두 눈 부릅뜨는 사람

평생을 어깃장 놓고 살면서도
끝내 여기 여기까지 왔다
나는 분침 너는 시침

꿀잠과 임무 교대

어머니, 편안하게 한숨 주무세요
어릴 때 한옥 살며 감기 빼고는
잘 먹고 잘 노는 순둥이
고3 스트레스로
병원에 자주 들락거리던 아이
이번에 알았다 임무 교대가 무엇인지
두통으로 내가 입원할 때 보호자로
뒤치다꺼리 다 해 주는 그 아이
나는 자식이 되고 아들은 부모가 되고
수술실에서 저승사자가 손짓하며 데리러 왔다
나는 얼른 광명진언 외우며 눈을 스르르 감았다
47년 만에 느낀 아들의 손맛
한여름 날씨다
어머니 잘 주무셨어요
수술은 잘 되었다고 그래요
아이들 곁을 떠나지 않아도 되겠다 싶어
병실로 돌아와서 꿀잠에 빠진
위기로부터 탈출 하룻날

그라든 동

당신은 제게는
아무것도 시키질 않으셨습니다

이렇게 할까요, 그라든 동*
저렇게 할까요, 그라든 동

처음엔 답답했지만
모든 것을 제 뜻대로
알아서 하라는 말로 알아듣고 살았습니다

부엌으로 나가면
노독도 안 풀렸는데,
어서 방으로 들어 가거래이

아무것도 할 줄 몰라도,
우리 집 맏며느리시데이
뭣이든 다 잘 하니더

사십육 년 동안
늘 따뜻이 웃어주시며
너는 쉬거라, 그만 쉬거라

방에 가서 한숨 자거라,
그냥 쉬거래이
늘 그 말씀으로 저를 울리셨지요
어머니, 어머니,
저도 그저 당신처럼만
살겠습니다

* 그라든 동 : 그러든가(경상도 방언)

순둥이 바위

신이 내린 최고의 선물 첫 만남 3.88Kg 사내아이
유년 시절부터 순둥이로 소문나
'용기 있는 사람 되라'고 방 한가운데
액자로 걸어 놓았다

고3병인줄 알았다
심장이 쿵쾅쿵쾅 뛰는 소리에 놀라
청진기는 갑상선항진증이란다

가보를 이어갈 의성김씨 하나
하늘에서 불러갈까 봐
가슴 졸이던 수많은 어미의 날들이
생애 중 젤로 마음 아픈, 슬픈 기억임을

의에 울고 약자에 울고
물질바람 불어도 흔들리지 않는
4계절 가슴으로 말하는 만년 청년

늘 한 자리 바위로 서서
내 허름한 노년전선을 지켜주는
돈 한 푼 받지 않아 수상한
선임보호자 변호사 아들

반세기 너머로

점심시간에 화살을 당겼다
여보세요 분실한 것 없나요
없는데요

제가 지갑을 습득했어요

점심시간마다 지뢰밭인지 살얼음판인지
한 걸음 한 걸음 탐색전이 벌어진다
승패를 알 수 없는 지난한 길

남자는 출판사 직원이다
여성백과사전을 주문하고
우리는 광화문 덕수제과에서 만났다

습관적인 듯 커피에 설탕 5~6스푼 넣고
뺑뺑이 돌린다
말재주 없는 그나 나나 도토리 키재기다
그 비싼 책값을 안 받은 미끼로
나는 코가 꿰었다

종로2가 굴 다방은 우리의 아지트
서로를 느껴가며 그렇게 부부 연을 맺어
삼 년 만남 오십 년 해로 여기까지 왔다
앞으로 30년 더 예약해 보려다 그만두었다
무시로 시가 손짓한다
180도 다른 여자로 낯선 길을 가고 싶다

나라 뜻 거부한 셋째

한때 둘만 낳아 잘 기르자던
나라의 외침에 셋째는 세금을 내고
불이익 중에도 큰맘 먹고 낳은 막내딸
늘상 가슴을 울렁이게 하는
해맑은 존재만으로 기쁨을 주고
언제나 집안 분위기를 밝게 만들어 주던
장차 나라의 등불이 되라는 의미로
아명을 초롱이라고 지었다
무탈하게 쑥쑥 잘 자라서
건실한 짝을 들여 아들 둘을 낳고
애들 바라지에 눈코 뜰 새 없어도
내가 입원했을 때 제 아버지가 입원할 때
모든 일 제쳐두고 간호에 열중했다
얼음알 같은 살림도 내조도 만점에 가깝다
애들 교육과 부모에 대한 효도에 눈물이 날 때가 많다
서른에 낳은 셋째는 보물단지다
그때 나라에서 시키는 대로 했다면
어땠을까,
애국자의 길 앞서 간 소신파
복동이 막내 화이팅!

무릎을 세우다

자다가
부스럭 소리에
무릎을 세운다

혈압이 높은 그 사람
행여 급히 일어나다 넘어질까 봐
무릎 짚고 일어나라고
말 없는 신호를 보내면

어느새 따스운 손길로 살짝 다가서
굽은 몸을 세운다

볼일을 보고 잠자리로 돌아오는 길
어두울까 봐 티브이를 켜준다

젊은 시절 성격이 서로 달라서도
티격태격 못마땅은 사라지고
서로를 기대며 닮아가며
둘이서 한 몸으로 미운 정 고운 정
시간 속으로 못내 한길을 간다

후회
- 솔직한 표현

부부 사이 솔직한 표현은
금물임을 이제야 알겠다

친구가 보낸 카톡을 보여주는 남편
'모임에 나간 아내가 화가 났단다
왜냐고 물었더니
다른 여자는 남편이 없는데
나만 있잖아 하더란다'

나이 들수록 남자는 쓸모가 없고 귀찮다는데
하면서 남편이 허허 웃는다

"귀찮기는 하지"라고 말하지 말 것을
환자의 길을 가고 있는 반쪽을 바라보면서
돌이킬 수 없는 지금 이 순간
후회가 막급이다
나도 별수 없는 보통여잔가

꽃가마

족두리에 꽃가마 타고 의성에서 귀미*로
양반댁 좋다는 부모 말씀 따라
의성김씨 막내 아드님에게
고개고개 넘어 시집오셨다

놀기 좋아하고 술 좋아하고 화투놀음에 빠진
철없는 남편 탓에 갖은 고생 다 하고
아침에 학교에 간 자식들 저녁에 돌아오면
노름빚에 내 집이 남의 집 되어 있기도 몇 차례였다

약한 몸 새색시 갖은 풍파 겪으며 살다살다
나이 일흔에 남편 저세상으로 보내고도
근근이 이은 나이 아흔여섯에 촛불 꺼지듯
앞세운 막내아들과 남편 곁으로 떠나셨다

삼십육 년 전 환갑 적에 미리 마련한
나비 같은 고운 옷 입고
또다시 구름 타듯
너울너울 꽃상여 타고 가셨다

* 귀미 : 안동의 작은 마을 이름

선자

피를 나눈 자매보다
한 수 위에 있는
여동생이 생겼다

딸 하나 외롭다고
인연이 닿은 동생과
한솥밥 동거인이 되었다

우리의 우애는
동네에서도 하나같이 부러워들 했다

여자의 길을 가르쳐 주지 않은
어머니 때문에
나는 게으름을 배웠다

삶의 향기를 잃은 나를 대신하여
십자가를 짊어진 선한 사람
주름진 시간이 쌓여갈수록 우리는
반백 년 동안
언니, 아니 엄마 같은 여동생

우리 영원히 살자고 손가락 걸었다

짝 잃은 세 여자, 다음은

영원한 줄 알았는데
팔십 줄 시어머니 떠난 후
종합검진이 얽어맨 남편
열흘 만에 하늘로 떠나갔다

별리에 슬픔은 날로 쌓여
고혈압 고지혈 당뇨가 다가서고 또 하나
치맨지 뭔지 눈앞에 얼쩡거린다

이런저런 암과 씨름하느라
그 어여쁘던 얼굴 가을 낙엽으로 부서져
바람에도 날린다

잡채를 먹다가 더 먹다가
싱겁다고 눈물 두어 타래 섞어 버무린 그릇
우걱우걱 씹어대는
웃음판 벌인 칠춘기 그녀

짝 잃은 세 여자
내가 앞장서 십자가 지고
세 짝을 맞춤해 주면
병도 외롬도 고난도 사라질는지

LH가 웃을 일이다

오십 년 묵은 목소리가
유선전화로 나를 찾는다

아직도 거기 사냐, 뭐 하노
나물 캐러 온나
냉이가 지천이다

잿빛 도시에 길들여진 니가
시를 쓴다고?
LH 땅이 다 웃을 일이다

산으로 들로 두 눈을 부릅뜨고
땀을 흘려야 봄나물 캐듯 글을 줍잖나

친구의 말에 뒤통수 한 대 얻어터져
병원에 갈 뻔했다

어떤 입은 약봉지를 팔고

바람 잘 날 없는
세월을 먹은 흔적이 그리워

해마다 한두 번
동서남북 옛적 동무들이 모인다

고개 넘어넘어 문경새재
샛고랑에 모여
시끌벅적 추억을 풀어 놓는다

어떤 입은 한 보따리 약봉지를 팔고
어떤 입은 한 보따리 사별을 팔고
어떤 입은 한 보따리 영감을 팔고

간밤에 내려 쌓인 눈
할 말 많은 억센 경상도 사투리
품고 사는 우정을 포근히 감싸준다

불길과 훈장

팔목에 불길이 지나간다
5cm 될까 말까 수평적 상처를 남겨놓고
어린이날은 어둠이 내릴 무렵 막을 내린다

가스렌지에 달라붙어 고기를 굽다가
찰나가 빚은 핏물 전선의 화마 기운이
온몸으로 번진다

칠순을 살면서도 해마다
한자리에 모이는 가족들 밥상과 술상
차려야 하는 군소리 없는 나는 숙련된 주모다

밀물과 썰물을 목도하며 반가움과
시원함을 학습한다

피붙이 입을 즐겁게 하려다 정신이 흐트러져
남기고 간 영광의 상처는 말 없는 훈장
눈물방울과 땀방울 가슴 속 사랑으로 흘러간다

용트림 신명가
– 신순동을 위한 축시

서정원

사방에 봄뫼*가 무르익어 초록물결이 넘실거린다
강남글숲 회원으로 시시때때 어울려 시작노트 노닐다
시향에 젖은 운문의 여로
코로나 팬데믹에 얼이 빠져 있을 때도
그 불화살을 두려워 않고 서울 숲 사이사이마다
시혼을 불사르던 흔적 지울 길 없다
임의 불꽃 같은 시인의 꿈
5년여 눈물과 땀으로 일군 월계관이 머리에서 빛난다
안재찬 선생의 칼날 같은 가르침 다소곳이 가슴에 품고
이윽고,
문경새재 시골 아낙 –시인 명찰을 달았다
이제는 사람들 가슴 속에 숨겨둘 시어를 쏟아내어
이 험악한 세상에서 풀죽은 영혼들
웃기고 울리는 시인의 길을 잊지 마시길
이미 닦아놓은 국전 초대작가에 더하여
용트림하는 신순동 여사의 예술혼
오색구름 타고 솟아오를 날 서성이고 있다

* 신순동 아호, 국전 초대서예가로 오래전부터 활동 중임

닫는 시

시방 위험한 불장난을 하고 있다
시고 떫은, 덜 여문 시집을 문단에 내놓는다

겁 없고 뻔뻔한 외곬 열정은
내 고유 브랜드!
서너 작품이라도 시단의 입술에 오르내린다면
마음속 장미꽃은 피어날 것이다

처음이자 마지막일지도 모를
『어처구니 여자』 발간으로
더운 날임에도 벌벌 떨고 있는 나

밤하늘 초승달에 시선을 모두고
언어공해, 라는 회초리만은 거두어 주기를
합장한다

평설

소박한 일상에서 인간애로 피워내는 시향
- 신순동 『어처구니 여자』

안재찬 (시인·한국문인협회 편집위원)

1. 들어가는 말

　독자는 감동을 느끼기 위해 시를 읽는다. 작품 속에서 어떤 효용을 얻는데 이를 효용론적 관점이라고 일컫는다. 이런 경우는 쾌락적 기능에 무게를 두거나 교훈적 기능에 무게를 두거나, 그런 관점이 작용한다.
　시는 물음이다. 시인은 우주를 질문으로 화두를 던지고 그 질문에 상상력이 가미된 그림을 그려서 답하는 것이다. 시인은 고독한 방랑자다. 새로움을 찾기 위해 낯선 길을 헤매는 고독이 자산인 방랑자. 시인은 일상적 삶에서 이탈한 일을 목도할 때 자의식이 발동된다. 이때를 포착하고 감성을 작동하여 살아 있는 시어를 낚아야 한다. 시는 울림이 있어야 하고 재미가 있어야 하고 교훈이 있어야 하고 신선감이 있어야 좋은 시가 된다. 시는 시인의 삶 흔적이고 얼굴이다.
 셰익스피어는 말한다. "시인은 그의 예민한 흥분된 눈망울은 하늘에서 땅으로, 땅에서 하늘로 굴리며, 상상을 모르는 사물의 형체를 구체화하고, 시인의 펜을 그것들에 형태를 부여해 주고, 형상이 없는 것에 장소와 명칭을 부여해 준다."
 우리가 즐겨 쓰는 그리고 읽는 서정시는 사물을 포착하고 밀착하여 정을 펼쳐내는 것이다. 사물을 마음의 눈으로 보고(직관력) 운문화하여 노래한다. 21세기를 살아가는 이 땅의 현실은 녹록지 않다. 모순과 고통과 대립적 구도로 말미암은 갈등이 날로 심화 되어 평화로운 삶을 파괴한다. 시인은 이러한 충돌의 현장을 대상으로 삼고 성찰하며 객관적 시안으로 바른길을 형상화하고 있다.
 신순동의 시는 사실적이다. 진솔한 진술과 표현이 잔잔한 감동을 일으킨다. 소박한 일상과 주어진 운명에 순종하며 꾸밈없는 인간애로 이웃과 연대감을 유지한다. 탐욕과 이기심으로 그늘진 사회를 안타까워하며 때때로 눈물을 떨구기도 한다. 과학 문명과 기술 발전으로 잃어버린 인간성을 울부짖으며 개발에 망가지는 자연과 기후위기를 탄식한다.
 신순동은 시를 쉽게 쓴다. 누구나 편안하게 접근할 수 있는 소재와 주제로 말의 성찬을 보여주며 대중성을 획득한다. 널리 알려진 단어와 소박한 문체로 춤추듯이 시향을 퍼트린다. 언제나 따뜻한 시선과 따뜻한 손길로 행동하는 시인으로서 이웃과의 공존을 도모한다.
 신순동은 수십 년을 서예가로 활동 중인데 어느 날 감성과 지성이 어우러진 시세계를 맞닥뜨린다. 지인을 통해 음미하고 사모의 정이 깊어져 문단의 길로 들어선다. 늦깎이로 시 공부에 열정을 다하여 이윽고 등단을 하고 한걸음 더 첫 시집을 상재하여 주변을 놀라게 한다. 담대한 도전 끝에 '영혼의 분신'이 세상에 얼굴을 내민 것이다.

신순동은 시지프스 신화에서 보았듯이 끊임없이 바위를 산 꼭지로 밀어 올리고, 굴러떨어지면 다시 끌어올려 끝장을 본다. 치열한 열공 정신과 말 없는 신념으로 이룩한 시인의 길, 그 앞날을 주목한다. 이제 광야를 질주하는 신순동의 정신세계로 여행을 떠나보자.

2. 늦바람에서 걸림돌까지

한 남자만 바라보며
반세기를 흔들리지 않고 살아왔다

도덕 선생은 머리를 아래위로 끄덕이며
A학점을 주고
문학 선생은 머리를 좌우로 흔들어대며
D학점을 준다

이승의 시간은 길지 않은데
어쩌자고 늦바람 불어와
반세기 묵은 남자 눈치나 살피며
불면의 밤

시를 품고 생을 불태우는가

─「늦바람」 전문

시를 읽는다는 것은 시인의 삶을 들여다보는 관음觀音이다.

콜리지는 "놀라운 감각은 문인의 육체이고, 상상은 의상이고, 움직임은 생명"이라 말한다. 욜로YoLo란 한 번뿐인 인생을 허방 짚지 말라는 말이다. 카르페 디엠 Carpe Diem을 기억할 일이다. 현재를 놓치지 말라는 뜻이다.

시는 영혼을 충전시켜 주는 연인 같은 존재다. 한 생을 희로애락으로 동거하는 존재다. 움직이는 숨소리, 출렁이는 파도 소리. 문풍지 우는 소리에 늘상 깨어 있어야 한다. 가슴 속에 내리는 서리 그 절규가 들려야 한다. 그리고 자신은 대가 없이 부서져야 한다.

시인은 살아갈 날이 많지 않음을 인지하고 마지막 생을 불사른다. 시인의 길에 늦바람 불어와 불면의 밤 더불어 시화詩花를 꽃피우고 있다. 시인은 방랑자. 필요할 때에는 언제든지 고착화된 삶을 털어버리고 떠난다는 정신적 방랑자가 시인이다. 도덕은 A학점, 문학은 D학점 매기는 선생님 사이에서 반세기 묵은 남자(남편) 눈치를 살핀다. 익살스럽고 천연덕스런 표현이다.

오늘도 가슴앓이로
하루를 연다

어쩌다 새 가슴에 바람이 들어
여태도 한 그리움 잊지 못해
무시로 회오리바람 일으킨다

시간이 얼마 남지 않았다
마지막 불사를 영적인 사랑

불륜이라도 후회없이
며칠이고 밤내 너를 품고 뒹굴고 싶다

어서 오라 목마른 시여!

- 시 「불륜이라도」 전문

  기다림은 삶의 활력소이다. 설레임과 두려움을 동시에 안겨준다. 무엇이든지 기다림이 없는 사람은 산비탈에 서 있는 고사목과 다를 바 없다. 어떤 바람이 불어와도 묵묵부답, 응답이 없다. 시와 나는 내연의 관계이다. 참새들 입방아의 먹잇감이 되고, 서로를 밀어낼 수 없는 끈끈한 연분으로 플러스알파의 생을 설계한다. 그런 존재로 불륜을 품고 즐기면서 살아간다.
  키케로는 말한다. "내 운명은 내가 만든다. 운명은 강자한테는 약하고 약자에게는 강하다."
  시인의 여생이 그리 길지 않은가 보다. 늦은 나이에 시를 만나 하루라도 잊을 수 없는 영적인 사랑으로 발전한다. 육적인 불륜은 정상을 이탈한 몸과 몸에서 나오고 사회적 지탄을 받는다. 시인이 밤내 뒹굴고 싶은 연인은 눈에 보이지 않고 물증을 남기지 않는다. 하늘만 아는 영혼의 만남 그 둘 사이에서 뜨거운 시가 태어난다.

속은 텅 비었어도
비움이 채움보다 더 많아 보여
마음을 단숨에 흔들어 놓는
가락이 있다

사계절 지나간
마디마디 곧은 몸매
하늘 아래 따를 자 얼말까

앎이 가난한 내 머릿속에
그윽한 향기로 건네주는

이웃 더불어 곧은 길 천리
땀과 눈물로
푸른 세상 만들어 가는
스승

— 시 「죽통」 전문

    시는 경문이고 기적이다. 시는 진실이고 맑고 순수하다. 시인의 촉수는 비판의 촉수다. 시인 스스로 몸과 마음이 깨끗하고 앎과 행동을 하나로 묶을 때 비로소 건실한 비판력이 생겨난다.
    시인의 눈은 마음의 눈으로 사물을 바라본다. 죽통에다 의미를 부여하고 해부하고 그 죽통 속에서 숨소리를 들으며 살을 붙이고 있다. 인식의 지평을 넓혀주고 공감을 유도한다.
    미셸 푸코는 "세속에 젖지 않고 당당하게 살며 당대의 극한 상황을 표시하는 사람"을 문인이라고 말한다. 시인은 시대의 예언자가 돼야 한다. 시대정신의 선도자로서 역할을 게을리해서는 안 된다. 시가 하는 일은 절대적인 순수, 그리고 진선미를 추구하고 시공을 초월하여 영원을 동경한다. 모순된 인간의 삶을 드러내고, 사회의 부조리를 질타하고, 저 자신을 끊임없이 성찰 반성하는 것이 시의 사명감이다. "이웃 더불어 곧은 길 천리/ 땀과 눈물로/ 푸른 세상 만들어 가는" 죽통 선생의 향기와 마디마디 곧은 몸매가 심장을 두들긴다. 살아가면서 참 스승을 만나기가 쉽지 않다. 세상 유혹을 뿌리치기가 어렵기 때문이다.

  하늘을 찌른다 동장군 기세가
  어릴 적 겨울이면 분명하게 보여주던
  어디로 갔을까 삼한사온
  지금이 어느 땐데 그것도 강남 한복판에서
  시베리아 벌판에 서 있는 우리 집
  일월 중순 어젯밤 추질추질한 빗소리
  귀를 떠나지 않고 오신다는 눈은 소식 없고
  겨울비만 봄비처럼 뜨락을 적신다
  지난해엔 봄인가 했더니 바로 여름
  올해는 티브이가 꽃소식 전하고
  나목의 계절이면 오금을 못 펴는 나
  탈 겨울 더운 기운 손길에 가슴 벅차오른다

                         – 시 「삼한사온 겨울비」 전문

  독일의 메르카토으르 기후변화연구소(MCO) 발표에 의하면 지구 평균 온도가 1.5도 상승하면 폭염 발생 빈도가 8.6배, 가뭄 발생 빈도가 2.4배, 강수량은 1.5배, 태풍 강도는 10%가 증가한다고 주의를 환기시킨다.
  가난한 시절의 삼한사온은 어디로 떠났을까. 대치동 아파트촌을 벗어난 뜨락이 있는 옛집에 시인은 몇십 년 살고 있다. 냉난방이 시원찮아 여름 겨울이면 곤욕을 치르면서도 흙냄새를 맡으며 화초를 기르고 과실나

무를 가꾸고 있다. 일월 중순에 눈은 오지 않고 불청객 겨울 빗소리만 요란을 떤다. 겨울이 겨울 같지 않고 봄은 갈 길이 바빠 금세 여름으로 도망친다. 계절의 반란이고 문명에 대한 자연의 거부가 심상찮다. 가을 지나 겨울이 오는 길목에서 시인은 불안감과 불편함 때문에 잠 못 이루는 밤이 그 얼마던가. 겨울이 겨울답지 않은 한반도에 비상이 걸린다. 삼한사온을 비웃으며 겨울비는 강남 한구석 시베리아 벌판 집을 적시고 있다.

몸살을 앓는 지구는 온난화
기상이변을 일으켜
폭염 폭우 폭설에 빙하가 녹고
해수면 상승과 대형 산불로
역대급 자연재해 속에 우리가 살아간다
과학과 문명 기술에 못마땅한 자연의 반란
하늘이 하는 일은 아무도 말릴 수 없다
지구를 옛날처럼 밝은 얼굴로
살아갈 수 있게 하실 그분
지금 어디에 계시나요

- 시 「몸살을 앓는 지구」 전문

온실가스 증가로 인류가 생존을 위협받고 있다. 축산업에서 발생하는 온실가스가 전체의 18% 차지한다. 화석연료가 주원료인 온실가스를 내뿜으며 기후위기에 가속도를 낸다. 페트병, 플라스틱 쓰레기가 지구를 병들게 한다. 나무는 산소를 공급하고 미세먼지를 걸러낸다. 습도 조절과 온도를 낮추고 뿌리로 산사태를 막아준다. 기후변화를 일으키는 이산화탄소를 흡수하는 나무가 지구촌 곳곳에서 베어지고 병들어 가고 있다. 지구온난화로 재산과 생명이 위태롭다. 지구촌 곳곳에서 기상이변이 속출하고 있다. 폭염, 폭우, 폭설, 한편으론 빙하가 녹아 해수면이 상승한다. 자연에 대한 인간의 오만이 불러들인 재해는 상상을 초월한다. 더울 때 더워야 하고, 추울 때 추워야 하거늘 예측불허의 기후변화에 공포를 안고 살아간다. 자연을 훼손하고 이산화탄소 배출로 대지는 숨을 헐떡인다. 푸른 하늘 맑은 공기는 언감생심, 미세먼지와 황사는 또 무엇인가. 자연재해는 부국과 빈국을 가리지 않는다. 공평하다. 불행의 나눔이다. 살림살이가 좋아지면 뭣 하는가. 하루아침에 잿더미가 된 재산 앞에, 자연의 위력 앞에 한없이 작아지는 인간의 모습을 보라. 자본주의 시장경제 원리에 좇아 경쟁하는 문명과 과학과 기술의 싸움이 초래한 자연파괴, 무릎 꿇고 하늘에 기도를 올릴 때다. 국력은 상승할진 몰라도 삶의 질은 하강하는 부요 속의 빈한 시대를 우리는 살고 있다. 나물 먹고 물 마시는 원시적, 가난한 그 시절이 그립다.

  더 높이
  더 많이

  더 빨리
  더 오래

  휘영청 달빛 아래
  끼리끼리 강강술래

  잘들 놀지요

― 시「걸림돌」전문

시인은 그 시대의 비평가여야 한다. 살아 있는 정신과 깨어 있는 행동으로 시대의 아픔과 굴곡에 고뇌하고 느낌에서 왜곡된 사회현상을 고발하는, 생동감 넘치는 정신의 소유자가 되어야 한다. 자기 통찰로 사회의식을 깨닫고 성찰하는 지혜가 있어야 시대적 공감을 획득할 수 있다. 상식은 나와 다른 사람을 이어주는 최소한의 사회적 규범이다. 관습을 조롱하고, 도덕을 경시하고, 가치를 비틀어대는 사회에선 모든 사람이 수긍하고 통용할 설 자리가 없는 것이다.

논어 '위정편'에는 "나와 다른 생각에 대하여 공격을 한다면 손해가 될 뿐이다." 시인의 눈은 관찰의 눈, 통찰의 눈이 있어야 한다. 시는 깨달음의 여정이고 당대의 산물이다.

남과 북, 동과 서, 빈자와 부자, 학연과 혈연, 젊음과 늙음, 끼리끼리 노래하고 술 마시고 춤추고 이대로 구호 외치는 이 땅의 분열 조장 현주소를 시인은 역설적으로 말한다. 더 오래 더 많이 가지려고 편 갈라치는 지도자들의 행태에서 미래는 안갯속이다. 단시면서도 많은 이야기를 행간에 심어놓고 있다. '잘들 놀지요'에 울컥함은 왜일까.

3. 이웃과 섬에서 순둥이 바위까지

　가난을 몸부림치다
　생명줄 끊어버린

낡은 빌라 속 모녀
무소유 저승길에
유서 한 장 남겨놓지 않았어요

내 이웃은 틀림없지만
저들의 얼굴 몰라요

도심 속 섬, 너무 멀어요

- 시 「이웃과 섬」 전문

 자본주의는 정신과 마음마저 포획한다. 우리의 삶에서 자본의 얼굴은 무소불위의 권세 과시를 한다. 시인은 희극보다는 비극을, 함께 보다는 홀로를, 즐거움보다는 슬픔을, 만남보다는 이별을, 웃음보다는 울음을, 웅변보다는 침묵을, 앞면보다는 뒷면을, 그런 그늘진 모습에 관심을 많이 둔다.
 시는 새로움의 발견이고, 시는 구원의 초상이고, 시는 외로움의 산물이다. 시는 절망과 고통을 희망으로 바꾸는 일이다. 고통이 희망의 출발이고 절망이 재생의 길을 만드는 일이다. 삶의 길이 곧 시의 길이다. 성찰이 가미된 표현 속에 정서의 개화는 향기를 갖는다. 시가 지향하는 것은 감동과 깨달음, 재미와 충격이다. '이웃과 섬'은 깨달음을 선사하고 있다. 그 흔한 마지막 말 한마디 남기지 않고 훨훨 이승을 떠났다. 인구가 밀집한 도시 한가운데서 서로의 얼굴을 모르고 살아가는 도시민의 초상을 탄식하고 있는 작품이다.
 시인의 몸짓은 언제나 위기의식을 지니고 정면으로 부딪치고 자각하며 새로워져야 함이 마땅하다. 시는 울음이고 노래다. 살아가면서 슬픔이 많은 것은 어렵고 힘들기 때문이다. 모든 울음은 슬픔에 뿌리를 내린다. 위싱턴 어빙은 "눈물 속에 신선함이 들어 있다. 눈물은 만 개의 혀보다 더 설득력이 있다."

> 선릉역 찬 기운 스민 시멘트 바닥에 소리 없이 찍히는
> 무수한 발자국 그 경전을 읽는 여자,
> 미래를 삭제한 겨울 그림자 위로
> 한 해가 기운다 서울 하늘엔 어제가 그렇듯이
> 오늘 밤도 끝내 보이지 않는다, 별이
>
> — 시 「겨울 그림자」 부분

이 시는 연민의 눈으로 거리의 낭인을 관찰하고 위무하는 작품이다. 2호선 선릉역 지하철 계단 아래 밑바닥 한 뼘 터전이 여자의 일터이다. 이를 직관의 눈으로 바라보며 고도의 수사적 표현으로 완성도를 끌어올리고 있다. 주목하는 것은 경전을 耕田과 經典으로 해석할 수 있게 직조해 놓은 중의성에 방점을 찍어도 무방하다. 전자는 형이하이고 후자는 형이상이다. "소리 없이 찍히는 무수한 발자국"을 경전으로 표현한 것에 갈채를 보낼 수밖에 없다. 가장 낮은 자에게 보내는 높은 예술성을 감지할 수 있다.

영국 시인 리버크는 "태양이 꽃을 물들이 듯이 예술은 인생을 물들인다"고 말한다. 시인은 눈물을 흘릴 수 없는 이들을 위해 대신 울어주는 사람이다. 「겨울 그림자」가 그렇다. 시는 표현되어야 한다. 그래야만 예술작품으로서의 가치가 매겨지고 빛이 난다. 형상화 표출

이 중시되는 이유다. 이 시는 설명이 아닌 묘사다. 시인의 주관적 판단을 벗어나 객관적 인식 속으로 들어간 시적 미학의 진수를 보여주고 있다. 문학은 사회의 고통이나 슬픔, 어둠이나 그림자 등, 낮은 곳에로의 응시와 애정을 지니고 관심을 둔다.

"한 해가 기운다/ 서울 하늘엔 어제가 그렇듯이/" 별은 오늘 밤도 감감무소식으로 미래를 삭제한다. 겨울 그림자는 길고 견고하다.

동네 어르신 쉼터로 소문난
건강 지킴이 그곳

엄마의 길 뒤를 이어받은 약국
오다가다 들리면
튼실한 목숨 돌보기 정보 한 움큼
귀에 담아 준다

어제도 떡 하나 오늘도 떡 하나
약봉지는 보이지 않아도
언제나 빈손으로 안 보내는
사시사철 복사꽃 저 얼굴

약보담도 맘씨가 넉넉하고 향기로운
수정 씨
아침 햇살에 부시는 강남 대치동
수정약국 아시나요

— 시 「수정약국」 전문

시인은 대치동에 사는가 보다. 집집마다 단골 거래

처가 있을 것이다. 수정약국은 어머니가 운영하던 것을 -무슨 사정인지는 모르나- 자식인 딸이 이어받아 약사로서 오랫동안 동네 건강 지킴이로 약국을 경영하고 있다. 시인은 약을 지을 때는 말할 것도 없고, 약과는 관계가 없을 때도 왕왕 들러 쉬어간다. 약을 구매함으로써 약국에게 이익을 남겨 주지만 그냥 쉬었다 가는 날이면 실례가 될 수도 있겠다. 그러함에도 수정약국 주인 수정 씨는 사고파는 상행위가 없어도 얼굴 찡그리지 않고 늘 한마음으로 떡을 준비하여 단골손님에게 선물로 준다. 한두 번 아닌 습관적 행위다. 빈손의 손님은 더욱 약사의 인간애에 감복하여 갈채를 보낸다. 대가 없는 떡 선물에 정신 건강은 만점이다. 약국을 내 집처럼 들락거리는 이웃과 식구처럼 맞이하는 약사의 수정알 눈동자가 맑다. 계산을 떠난 도심의 훈훈한 인간미가 동녘 햇살에 빛난다.

    콩깍지가 썬 막다른 골목
    사자의 포효로 위엄을 비추어
    가까이 다가설 수 없을 때

    바위 같은 고집불통 때문에
    말문을 쉽게 열 수 없어도
    앞뒤가 어긋나는 막말을 해도

    그러려니 다 받아주었다

    바보 같은 나는
    한 마디 제압의 길
    '늙어서 두고 보자' 이를 갈며

밤마다 꿈자리 깔았다

시간은 가고 또 가고
배알이 뒤집혀도 아름다운 추억거리
그냥 그렇게 다 묻어두고
이 걸음 그대로 웅얼거리며
사랑의 향기를 날리는 나는

어 처 구 니 여자

- 시 「어처구니 여자」 전문

"삶이 소중한 이유는 언젠가 끝나기 때문이다"(프란츠카 카프카).

문인은 너그럽고, 여유롭고, 재치가 있어 타인을 즐겁게 할 수 있는 재질을 갖춘 문학정신이 있어야 한다. 니체는 "자신과 화해하지 못한 자들은 긴 잠을 이루지 못한다."고. 시인은 일상에서 비일상적인 것을 보거나 느낄 때 자의식이 발동된다. 불행은 행복보다는 몸집이 커다랗다. 괴롭고 아프고 서럽고는 절망의 사다리로써 불행을 먹고 사는 것이다. 고통 없는 성장은 없다. 고통이 정직할 때 절창이 나온다. 「어처구니 여자」는 영혼이 살진 작품이다. 훗날 화려한 변신을 꿈꾸고 인내를 연단한다. 시인은 지난날 마음속 울음에서 한 송이 꽃을 피워내고 있다. 반전이다. 문학의 속성이 그렇듯이 인간 중심의 사고 속에서 선을 향하고 있다. 누군가 말한다. 꽃은 피어도 말이 없고, 새는 울어도 눈물이 없고, 지아비를 끝까지 섬기는 아내는, 아니 사랑은 불타도 연기가 없다. 참으로 어처구니없는 실소와 미소가 교집 된 시편이다.

   신이 내린 최고의 선물 첫 만남 3.88Kg 사내아이
   유년 시절부터 순둥이로 소문나
   '용기 있는 사람 되라'고 방 한가운데
   액자로 걸어 놓았다

   고3병인줄 알았다
   심장이 쿵쾅쿵쾅 뛰는 소리에 놀라
   청진기는 갑상선항진증이란다

   가보를 이어갈 의성김씨 하나
   하늘에서 불러갈까 봐
   가슴 졸이던 수많은 어미의 날들이
   생애 중 젤로 마음 아픈, 슬픈 기억임을

   의에 울고 약자에 울고
   물질바람 불어도 흔들리지 않는
   4계절 가슴으로 말하는 만년 청년

   늘 한 자리 바위로 서서
   내 허름한 노년전선을 지켜주는
   돈 한 푼 받지 않아 수상한
   선임보호자 변호사 아들

                                                - 시 「순둥이 바위」 전문

   이 시는 시인의 주관적 경험을 통한 자기표현의 문학 실례 중 하나다.
   작품 속에서 통점이 없는 시는 효용 가치가 떨어진다. 발레리는 침묵의 공간과 시간 속에서 솟아나는 시여야 쓸모가 있다고. 시는 내 영혼의 모음이다. 서정의 원리는 자기 동일성 회복이다. 생체험과 주술성의 육화이다. 육화는 경험의 세계다. 어미 몸속에서 느린 걸음으로 나오는 새 생명, 한 번 더 생각을 하고 세상으로 나오는 핏줄의 온전한 출산을 위하여 기도하는 모성이 거룩하다. 시인은 현실에 발을 딛고 살면서도 머리는 하늘로 향한다. 수도자적 길을 마음속 간직하며 일상을 가는 것이다. 시인은 "의에 울고 약자에 울고/ 물질바람 불어도 흔들리지 않는/ 4계절 가슴으로 말하는 만년 청년/" 하나뿐 아들을 증언한다. 노년을 지켜주는 든든한 보호자로서, 변함없이 한 마음으로 열성을 다하여 보살펴주는 바위 같은 아들에 정감어린 표정을 보낸다. 어미 몸속을 나온 옛적 순둥이 아들이 중년이 되고, 변호사가 되어 바른길 뚜벅뚜벅 걸어간다. 눈물이 부자인 법조인 핏줄이 가문을 빛내고 있다.

작품 가운데 여러 가족사가 있으나 「무릎을 세우다」 「나라 뜻 거부한 셋째」 「기도실 두 손」을 주목한다.

먼저 「무릎을 세우다」는 침대를 사용하지 않는 안방, 취침 중 발생하는 부부간의 입 없는 소통 이야기다. 시인은 남편과 한방에서 잠을 자다가 부스럭거리는 소리에 자동 반응하여 무릎을 세운다. 캄캄한 잠자리에서 한두 번 볼일을 보려고 일어나다 행여 노구의 그 몸 다칠까 봐 아내가 지혜를 발휘한, 반려자를 위한 무릎 세우기다. 무릎에 가만히 손을 얹어 일어나는 노부부 합작품의 시간. 묵언 수행에서 도타운 정은 어둠 속 한 줄기 빛으로 존재한다.

「나라 뜻 거부한 셋째」는 한때 나라가 가난하던 시절, '둘만 낳아 잘 기르자'라는 구호가 전국에 울려 퍼

지던 엄혹한 시절에 국가정책을 거부하고 셋째 출산을 감행한 가슴 서늘한 이야기 시다.
　어미가 밀어낸 것인지 아님 아이가 뛰쳐나온 것인지는 아무도 모른다. 하늘의 눈만 증거할 뿐이다. 아무튼 '초롱이' 시대가 열린 것이다. 복덩이로 불리고 부모 사랑을 흠뻑 받으며 성장한다. 엄마와 딸이 공모한 '불순한 작전'이 통쾌하다. 지금 이 땅은 선진국이지만 세계 최고를 기록하는 저출산, 출산률 0.67 이하로 위기를 맞고 있다. 젊은이는 연애도, 결혼도, 출산도 필수가 아니라 선택으로써 앞날이 어둡다. 시대를 앞서 간 모녀지간의 선견지명이 한 편의 시를 낳았다.
　「기도실 두 손」은 평소 장인과 사위는 공통적으로 입이 무거운 사람이다. 묵언이 미덕인 줄 착각할 정도로 침묵의 시간이 길다. 살다 보면 누구나 다급한 상황을 겪게 된다. 어느 날 장인의 신체에 적신호가 왔다. 허겁지겁 병원문을 들어서고 끝내 수술입원을 한다. 불안과 초조로 앞일에 안개가 자욱하다. 절체절명의 순간에 사위는 가슴 속 솟구치는 하늘 기운을 감지하고 장인 손을 덥석 잡고 병원 기도실로 올라간다. 꺼져 가는 생명을 위하여 무릎 꿇고 눈물로 통성기도를 한다. 말문이 트인 두 남자를 하늘도 어여쁘게 여겨 기도에 응답한다. 먹구름은 걷히고 환자의 얼굴은 꽃송이처럼 활짝 피어나 귀가의 단맛을 혀끝에 올린다. 사위의 충심과 장인의 순종으로 해피엔딩 영동세브란스 병원일지를 쓴 것이다.

　4. 나가는 말
　신순동의 시는 대체로 읽기가 쉽다. 심성이 순수하고

밝고 선해서 작품도 모질지 않고 포근하고 허세를 부리지 않아 편하게 접근할 수 있다.

　시인은 시단에 발을 들여놓은 후에 하루하루가 즐겁고 신명나서 복된 일상을 부지런히 글로 옮긴다. 단조로운 삶에서 벗어나 자유분방한 문인의 길을 두려움 반, 설레임 반으로 열과 성을 다하여 걷는다.

　예전엔 미처 몰랐던 변신의 시대가 도래한 것이다. 세월의 심지에 불을 붙여 시를 짓고, 춤을 추고, 흉허물없는 벗들과 수다를 떨며 여행을 즐긴다. 이런 변화의 삶이 작품 속에 이야기 시로 녹아 있어 공감을 불러일으킨다. 소재의 다양성과 주제로 사유의 폭은 확대되고 체험의 육화로 시의 지평은 나날이 확대되어 간다.

　이번 시집은 4부로 나누어 편집되었다. 잠언시와 자연시와 사회시와 가족시로 구별하여 세상에 내놓았다. 어쩌면 처음이자 생의 마지막 작품이 될지도 모른다. 시인은 세속에 짓눌리거나 욕망에 짓눌리지 않는다. 자연과 교감하고 신과 교감하고, 혼탁하고 멀미 나는 이 세상을 근심어린 눈으로 바라본다. 흰 것을 희다 하고, 질문에 질문을 거듭하며 정직하게 현실을 증언한다.

　신순동은 늦게 만난 연인(시)과 불륜을 불사하는 강심장 요부의 몸짓으로 여생을 불태운다. 분신의 출현을 위해 시를 품고 시를 앓으며 서녘놀을 붓질하는 순수서정이 아름답다. 시는 언어예술이다. 일상적 언어사용에 빠지거나 통속성에 빠져서는 안 될 일이다. 감정의 절제와 함축적 언어로 울림과 떨림을 주는 시를 많이 지을 것을 주문한다. 더욱 성숙한 영혼의 집을 지어 만인으로부터 칭송을 받는 시인이 되기를 기대하는 바다.

신순동 시집

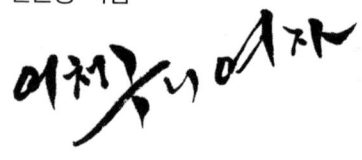

초판 인쇄	2024년 6월 13일
초판 발행	2024년 6월 13일

지은이	신순동
펴낸곳	도서출판 책나라
등 록	110-91-10104호(2004.1.14)
주 소	㉾03377 서울시 은평구 녹번로 3가길 14, 라임하우스 1층 101호
전 화	(02)389-0146~7
팩 스	(02)289-0147
홈페이지	http://cafe.daum.net/sinmunye
이메일	E-mail / sinmunye@hanmail.net

값 13,000원

ⓒ 신순동, 2024
ISBN 979-11-92271-28-6

* 이 책 내용의 전부 또는 일부를 재사용하려면
  저작권자와 도서출판 책나라 양측과 협의하여야 합니다.
* 저자와의 협의에 의하여 인지를 생략합니다.
* 파본은 구매 서점에서 교환하여 드립니다.